This book belongs to

このほんは

____

____

____

のほん

DOCTOR MAISY

Illustrated in the style of Lucy Cousins by King Rollo Films Ltd.

First published 2001 by Walker Books Ltd, London.
Japanese edition published 2003 by Kaisei-sha Publishing Co. Ltd, Tokyo.
Based on the Audio Visual series "Maisy". A King Rollo Films production for
Universal Pictures International Visual Programming. Original Script by Andrew Brenner.

Printed in Hong Kong.
Published by arrangement with
Walker Books Limited, 87 Vauxhall Walk, London SE11 5HJ, U.K.,
through Japan UNI Agency, Inc., Tokyo.

メイシーちゃんのおいしゃさん

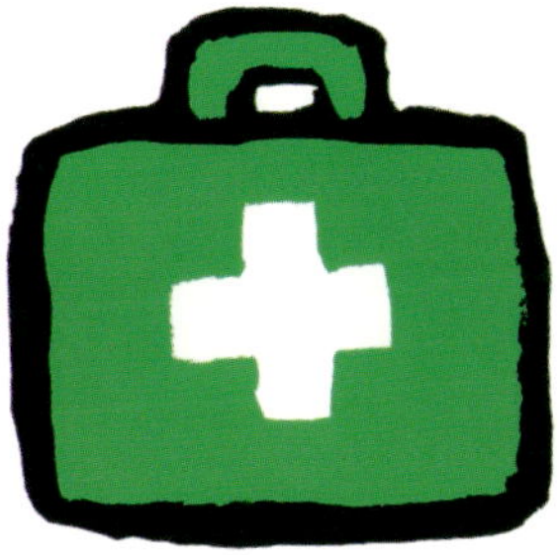

作・ルーシー・カズンズ
訳・なぎ・ともこ

偕成社

Maisy and Tallulah
are dressing up.

メイシーちゃんと　タルーラ、
ふくを　きがえて、へんしんします。

「あら、メイシーせんせい！」
「やあ、かんごふの　タルーラさん！」

Hello, Doctor Maisy!
Hello, Nurse Tallulah!

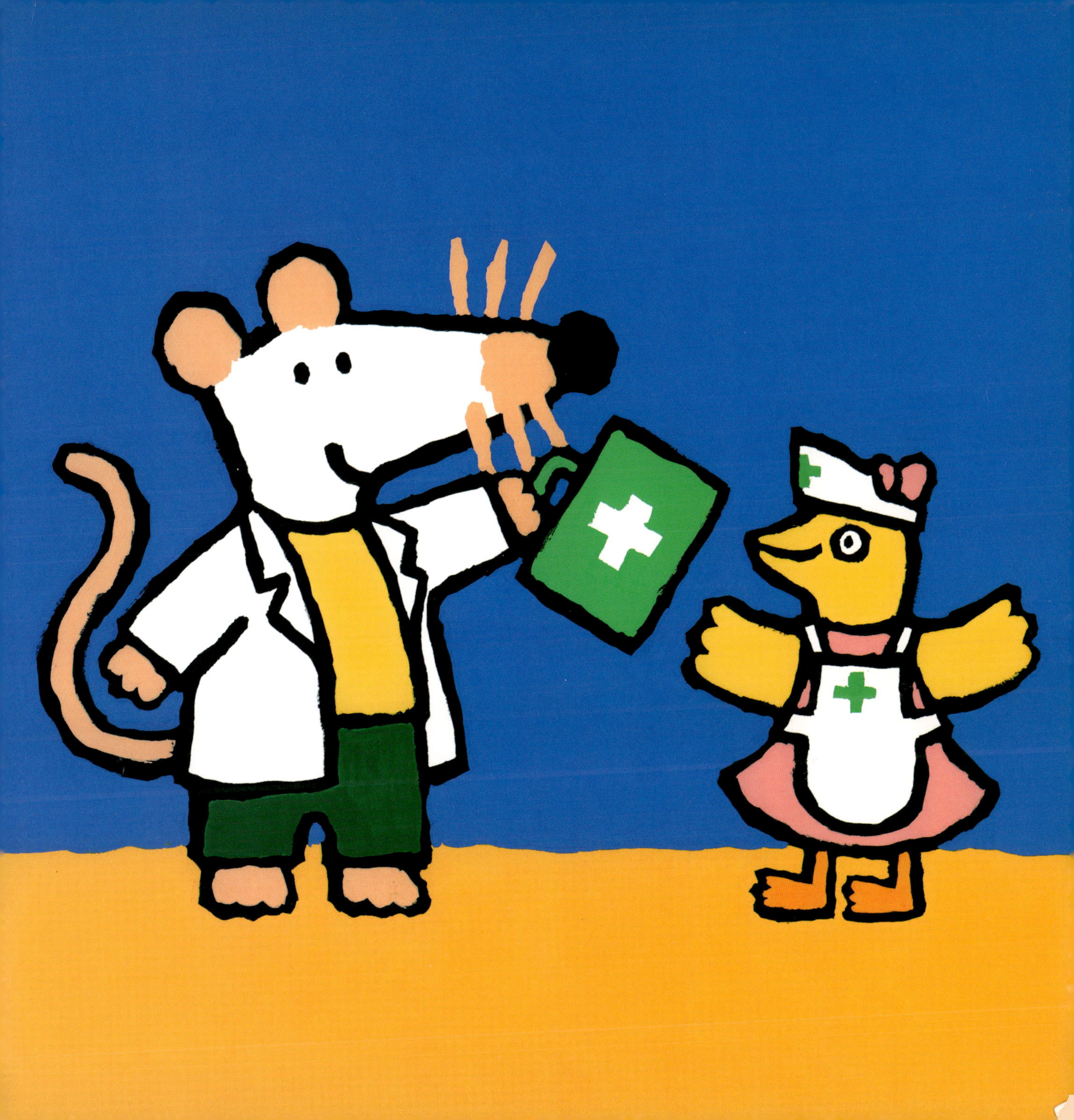

Tallulah listens to Maisy's heartbeat.

タルーラは　メイシーちゃんの
しんぞうの　おとを　ききます。

ドクン　ドクン　ドクン！

きゃはは、くすぐった〜い！

Baboom, baboom!
Ha-ha, that tickles!

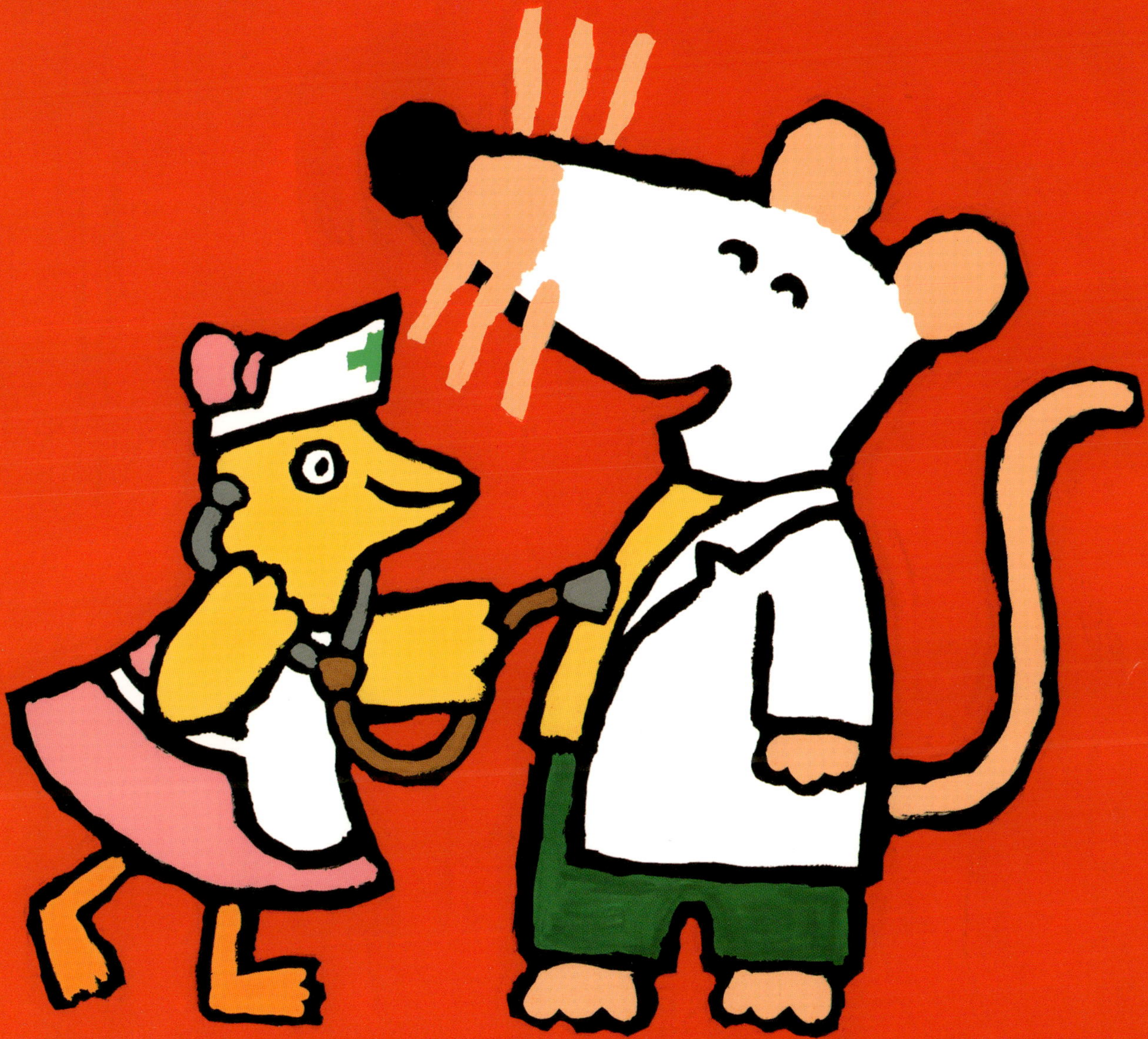

Panda feels ill.
Maisy listens to
his heartbeat.

パンダさん、びょうきみたい。
メイシーちゃんは　パンダさんの
しんぞうの　おとを　きいてみます。

トクン　トクン　トクン…

Baboom, baboom!

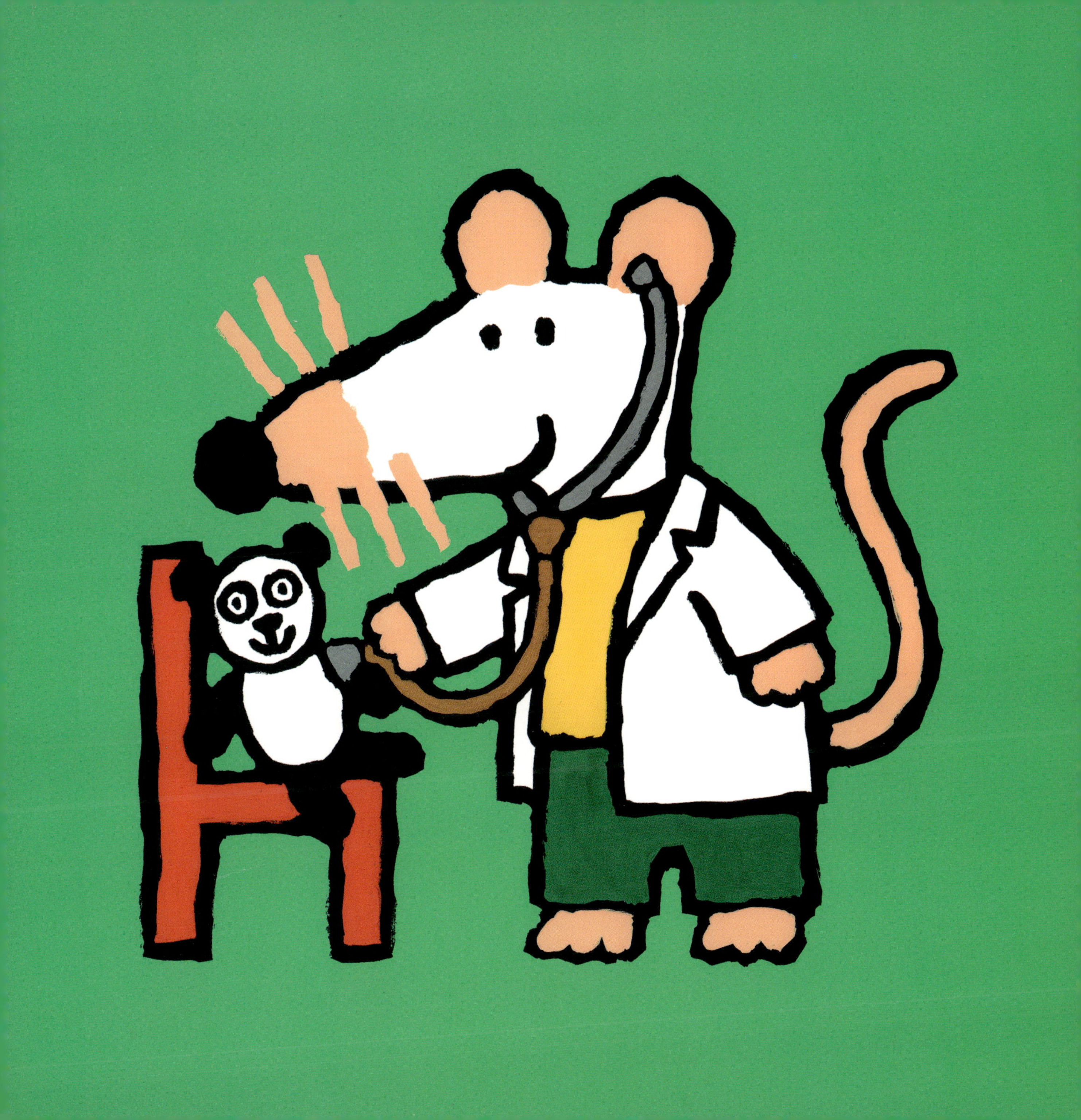

Maisy checks
Panda's temperature.

それから　たいおんけいで　ねつを　はかってみます。
かわいそうに、パンダさんは　ねつが　ありました。

Poor Panda –
he's very hot.

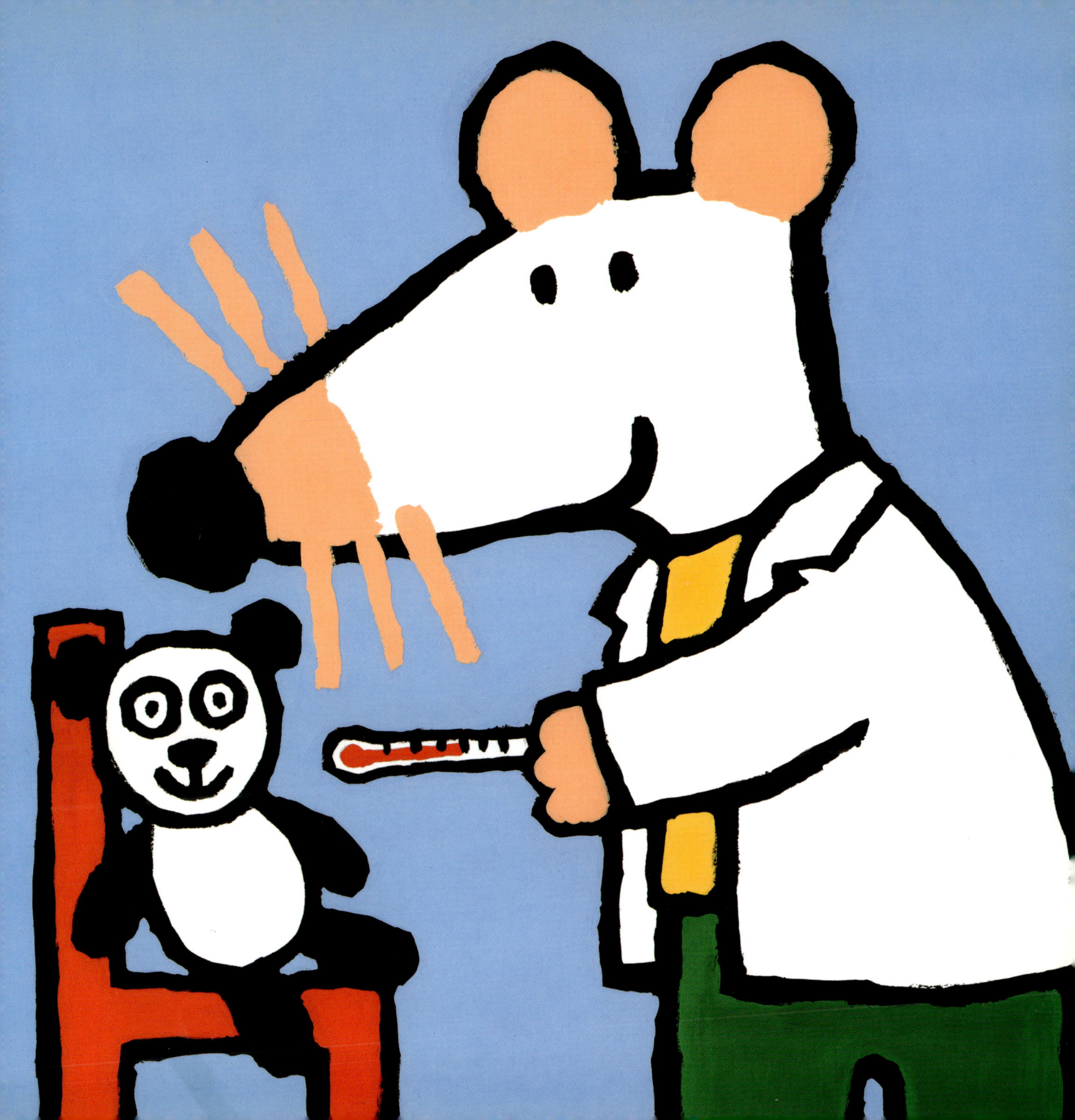

Maisy takes Panda

メイシーちゃんは　パンダさんを　かかえて
2かいへ　あがり、ベッドに　ねかせてあげました。

upstairs and puts
him to bed.

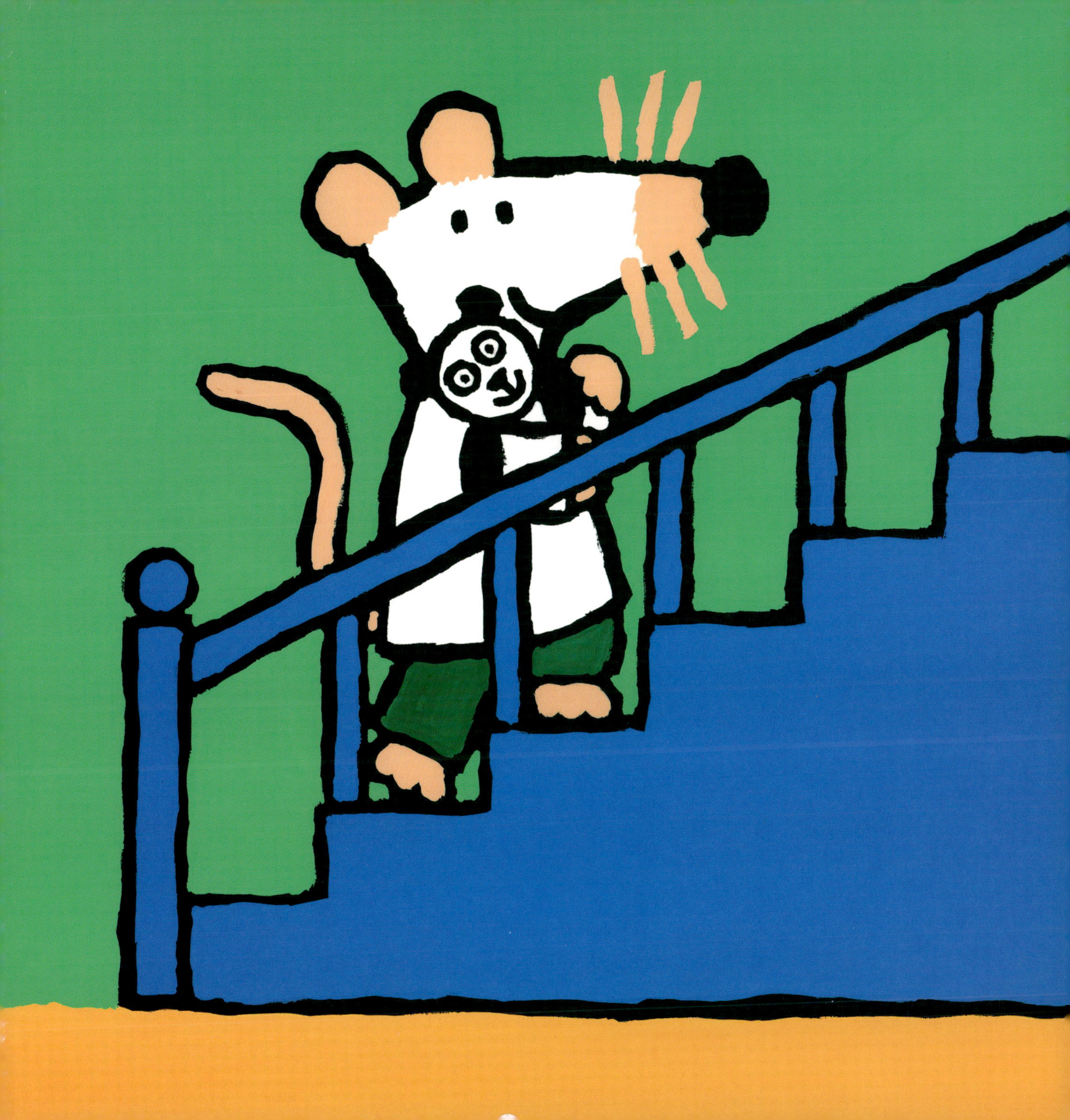

There, there, Panda.
Get well soon.

よし　よし　パンダさん。
すぐに　よく　なるからね。

そのとき――　おや？
タルーラが　よんでいますよ。
「メイシーせんせ〜い」

Oh, Maisy, is that
Tallulah calling?

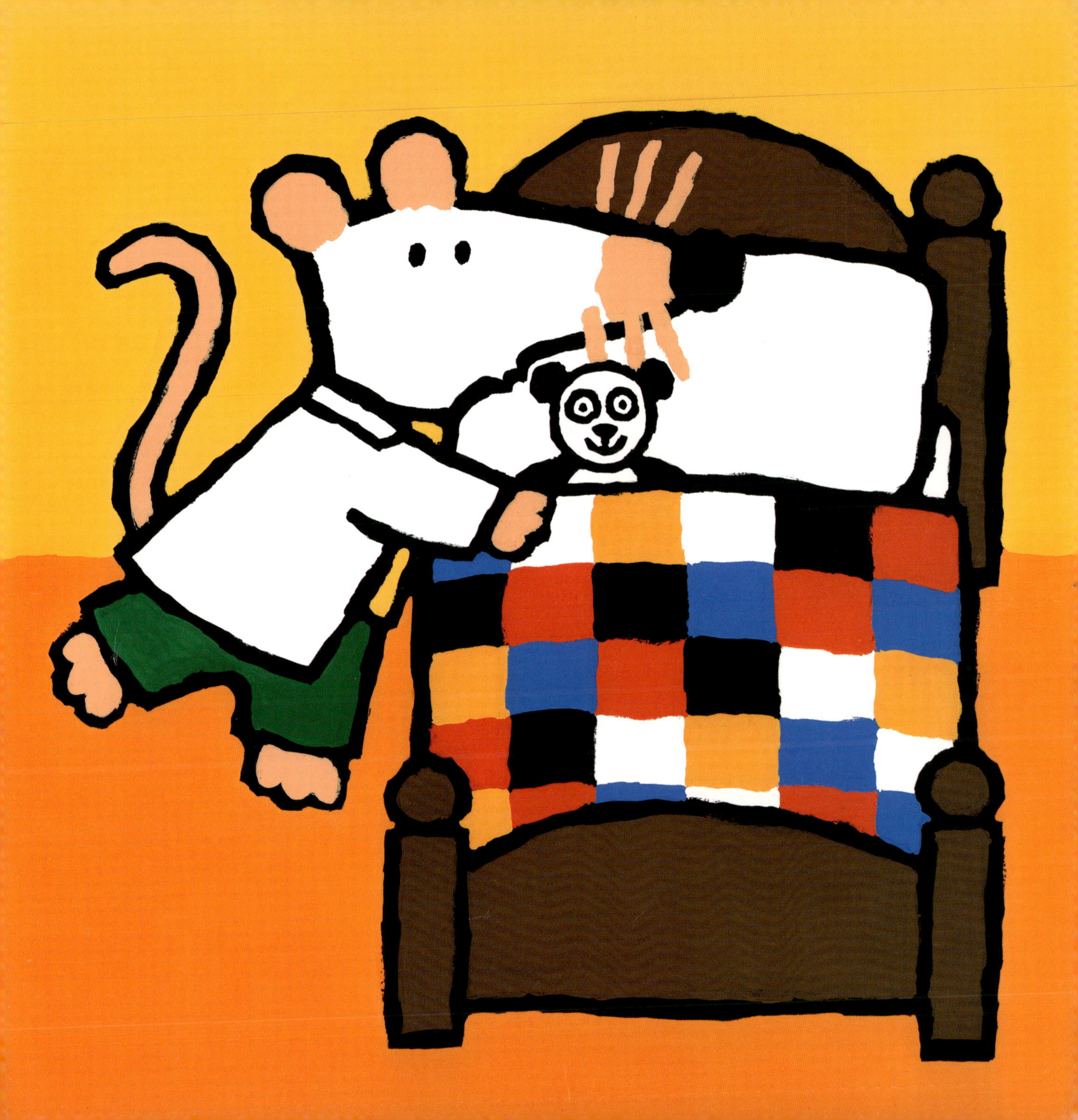

Don't run on
the stairs, Maisy.

あっ、かいだんを　はしっちゃ　だめだよ、
メイシーちゃん。

ほら、タルーラも　きをつけて！

Watch out,
Tallulah...

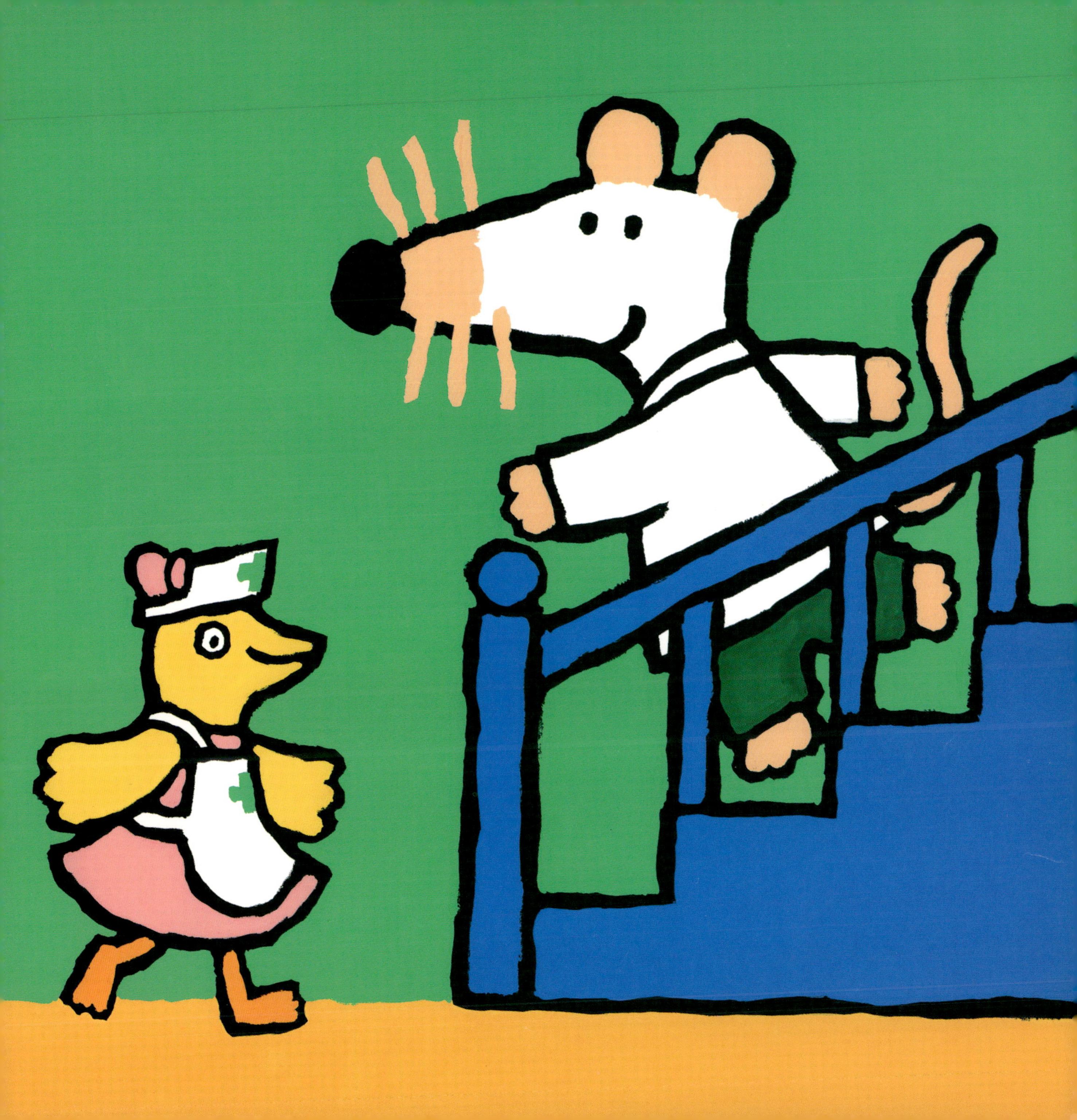

Oops!

わっ、どっし〜ん！

やれやれ、タルーラは　だいじょうぶでした。
でも、メイシーちゃんが　はなを　ぶつけちゃった。

Tallulah is all right, but Maisy has hurt her nose.

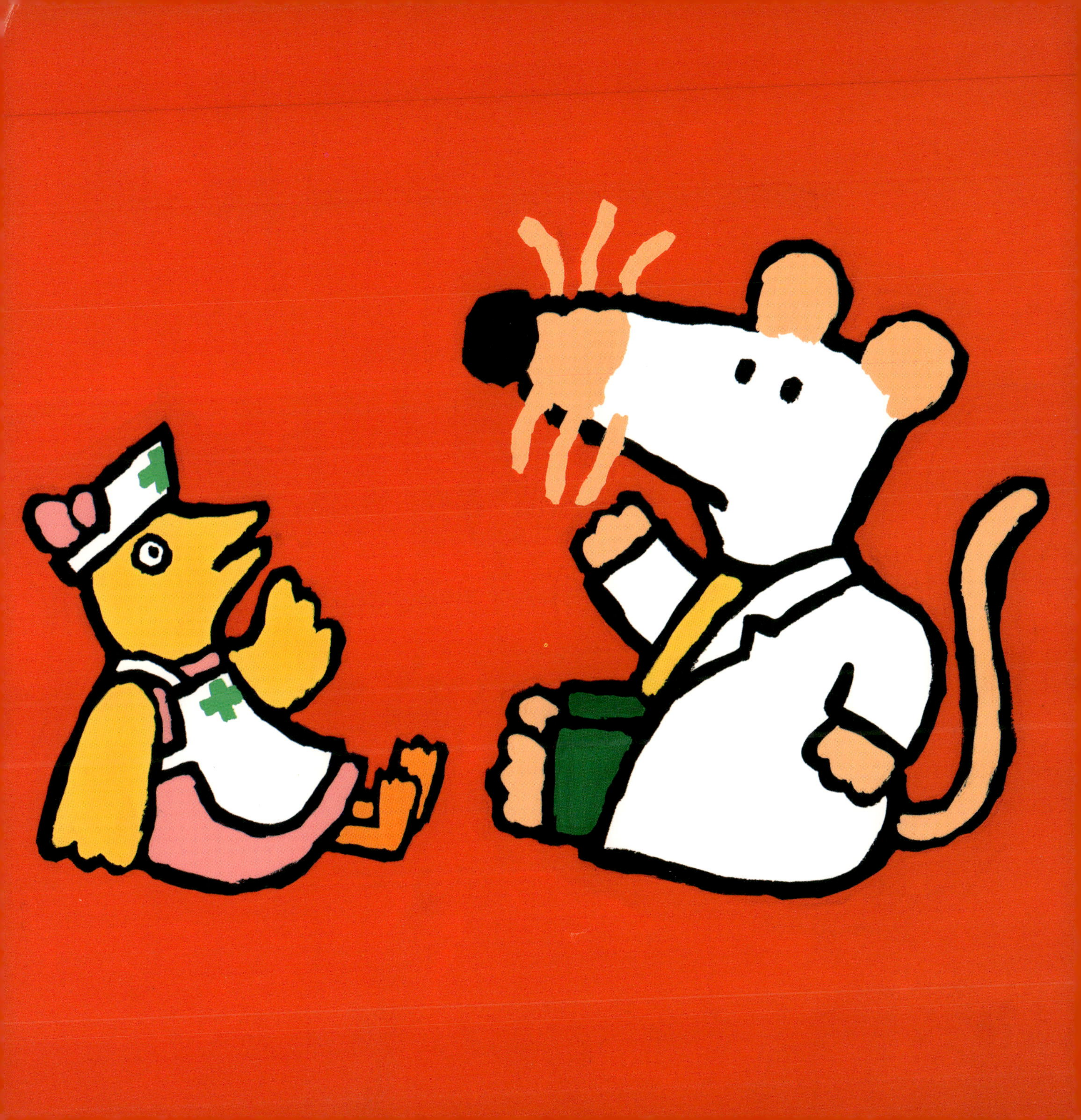

Nurse Tallulah

タルーラが　メイシーちゃんの　はなに
ほうたいを　まいてくれました。

wraps Maisy's nose
in a bandage.

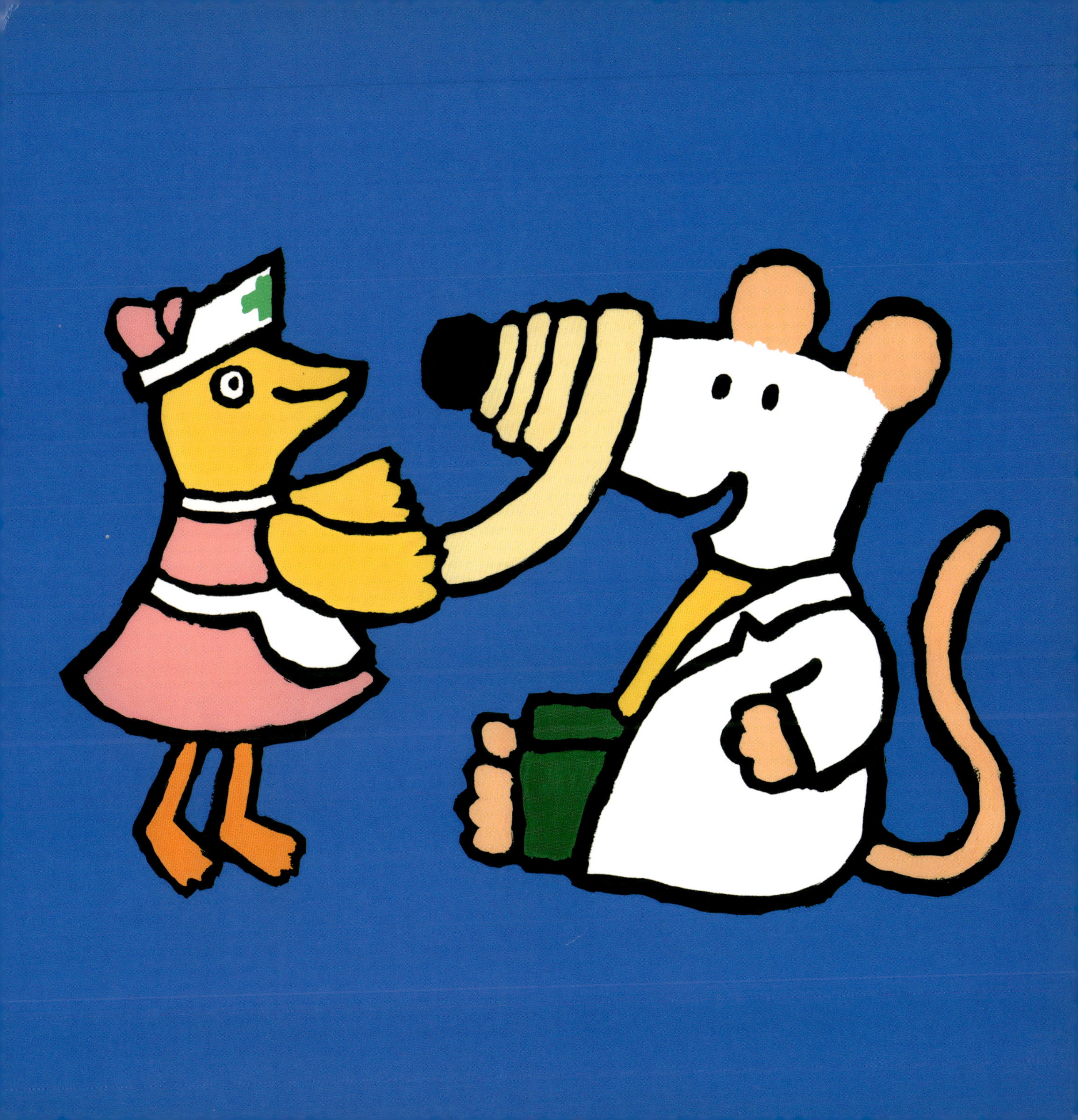

There, that's better!

さあ、これで　もう　だいじょうぶ！
ばいばい、かんごふの　タルーラさん。
ばいばい、おいしゃさんの　メイシーせんせい。

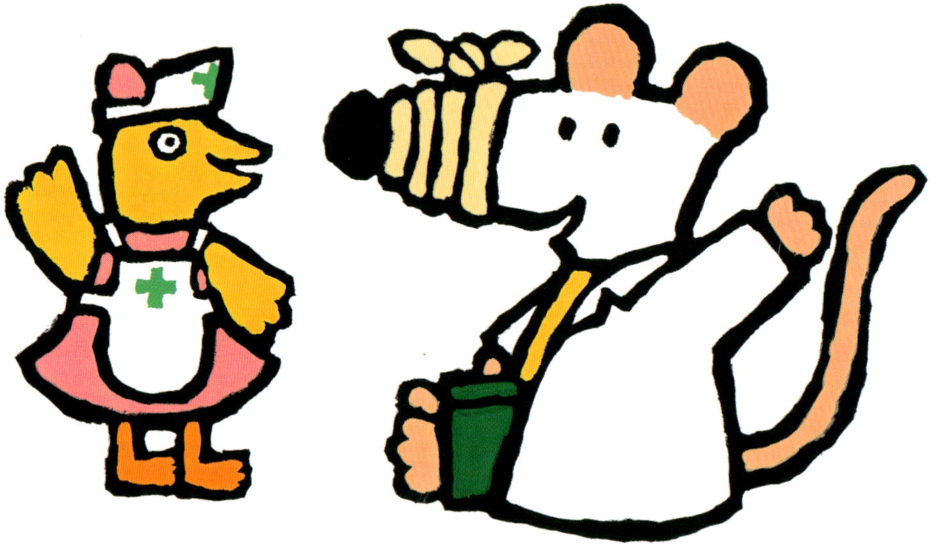

Bye-bye, Nurse Tallulah. Bye-bye, Doctor Maisy.

メイシーちゃんの おいしゃさん

2003年　初版第1刷

作●ルーシー・カズンズ
訳●なぎ・ともこ
発行人●今村正樹
発行所●偕成社
〒162-8450 東京都新宿区市谷砂土原町3-5
Tel/03-3260-3221［販売］　03-3260-3229［編集］
http://www.kaiseisha.co.jp/
タイトル文字●大滝まみ　日本語版編集●松田素子
NDC726 24p. 212×210mm
ISBN4-03-321510-7 C8797　Printed in Hong Kong